AF493072

* 9 7 8 9 9 4 8 7 6 7 2 5 1 *

هَمَسَاتُ الرُّوحِ

شـعر

المختار عبدالله صلّاحي

هَمَسَاتُ الرُّوحِ

شــعر

إصدارات دائرة الثقافة، حكومة الشارقة 2024 م

الناشر: دائرة الثقافة ـ حكومة الشارقة ـ الإمارات العربية المتحدة

الهاتف:+971 6 5123333

البرّاق: +971 6 5123303

الموقع الإليكتروني: www.sdc.gov.ae

البريد الإليكتروني: sdc@sdc.gov.ae

811.9661

ص م. هـ   صلاحي، المختار عبدالله

همسات الروح / المختار عبدالله صلاحي.ـالشارقة، الإمارات العربية المتحدة : دائرة الثقافة، 2024.

64 ص ؛ 21x14 سم.

1. الشعر العربي - موريتانيا - دواوين وقصائد
أ. العنوان

ISBN:978-9948-767-25-1

سِفْرُ الْغِيَابِ

أَنْتَ الْمُخَبَّأُ فِي ذِهْنِي.. لَاكْتَشِفَهْ

ثَوْباً مِنَ الطُّهْرِ.. يُغْرِينِي لِأَلْتَحِفَهْ

أَذُوبُ فِيهِ..   أُنَاجِيهِ..   وَأَسْأَلُهُ

عَنْ لَحْظَةِ الْبَدْءِ.. عَنْ دَمْعٍ هُنَا ذَرَفَهْ

عَنْ ذِكْرَيَاتِ شَبَابٍ فِي مُخَيِّلَتِي

عَاشَتْ بِحُبِّكَ قَبْلَ الْآنَ مُعْتَرَفَهْ

عَنْ طَيْفِ أُمْنِيَةٍ جَذْلَى.. تُرَاوِدُنِي

عَنْ كَهْفِ حُبٍّ بِهِ الْأَحْلَامُ مُعْتَكِفَهْ

أَظَلُّ خَلْفَ رُؤَى الْغِيَابِ مُنْزَوِياً

أُعِيدُ حُلْماً.. هُنَاكَ الدَّهْرُ قَدْ نَسَفَهْ

أَسِيرُ فِي دَرْبِ أَحْلَامِي الَّتِي ذَبُلَتْ

فِي حَيْرَةِ الذَّاتِ.. مِثْلَ الْمَوْجِ مُنْجَرِفَهْ

تَرْمِي الشَّـرَارَاتُ أَحْلَامِـي.. فَتَحْرِقُهَا

وَيَقْـذِفُ الْيَـمُّ مِجْدَافِـي.. وَمَـنْ جَدَفَـهْ

أَنْتَ الْمُؤَوَّلُ فِي "سِـفْرِ الْغِيَاب" رُؤَىً

مَنْ يَعْجَزُ الْحَرْفُ فِي ذَا الدَّرْبِ أَنْ يَصِفَهْ

أَنْـتَ الْمَجَـازُ الَّـذِي لِلْكَوْنِ يَرْسُـمُ مِنْ

وَحْـيَ الزُّجَـاج حَكَايَـا جِـدُّ مُخْتَلِفَهْ

فِي صُورَةِ الْفَجْرِ.. مَـا يُحْيِي مَلَامِحَنَا

وَفِي الأَزَاهِيـرِ.. يَهْوَى الْقَطْفُ مُقْتَطَفَهْ

هَـلْ يَخْتَفِي وَتَـرُ الأَلْحَانِ مِـنْ وَطَنِي

لِيَعْـزِفَ الْوَتَـرَ الْمَبْحُوحَ مَـنْ عَزَفَهْ؟!

إِنِّي تَصَوَّرْتُ فِيـكِ الضَّوْءَ مُنْعَكِساً

فِي دَاخِلِي.. كَيْفَ يَهْوَى الْحُلْمُ مُخَتَطِفَهْ؟!

فَكَيْـفَ نَنْتَظِـرُ الْفَجْـرَ الْمُطِـلَّ أَخـي

فِـي كَوْنِنَـا.. وَيُنَاجِـي لَيْلُنَـا سُـدَفَهْ؟!

مَـاذَا سَأَرْسُـمُ.. حِبْرُ الرَّسْـمِ يَمْنَعُنِي

تُخَاصِـمُ الْيَـاءُ دَهْـراً هَاهُنَـا أَلِفَـهْ؟!

تَمَازَجَـتْ فِيـهِ آمَالِـي.. وَأَخْيِلَتِـي

وَسَـايَرَ الْحَـرْفُ فِيهِ لَوْنَ مَـنْ حَذَفَهْ

غَـداً يُصَافِحُنِـي الْحُلْـمُ الْجَمِيـلُ عَلَى

شَـطِّ الْمُنَـى.. يَأْخُـذُ التَّارِيخُ مُنْعَطَفَهْ

أُمْنِيَاتُ هَوىً

لأنَّ دَمْعَةَ عَيْنٍ سَوْفَ تَنْسَكِبُ
أَجَّلْتُ حِكْمَةَ شِعْري حِينَ أَغْتَرِبُ

أَجَّلْتُ صَرْخَةَ مِيلَادِي الَّتي انْتُظِرَتْ
أَعْلَنْتُهَا ثَوْرَةً.. تَهْفُو لَهَا الْحِقَبُ

لأنَّ أُمْنِيَةَ الأَحْلَامِ ذَابِلَةٌ
سَافَرْتُ فِيكِ.. حَدَاني الشَّوْقُ وَالطَّرَبُ

لأنَّ ذَاكِرَةَ الأَيَّامِ مُورِقَةٌ
سَايَرْتُ ظِلَّكِ.. ضَرْعَ الْغَيْبِ أَحْتَلِبُ

أَسِيرُ وَحْدِي.. رَمَاني الشَّوْقُ أَشْرِعَةً
خَلْفَ الْغِيَابِ.. عَلَى الشُّطْآنِ أَضْطَرِبُ

سَارَتْ مَرَاكِبُ آمَالِي إِلَى وَطَنٍ
يَزْهُو بِهِ الْحُلْمُ.. غَنَّى لَحْنَهُ الْعُشُبُ
مَاذَا سَأَكْتُبُ عَنْ ذِكْرَى بِجِبْرِ دَمِي
صِيغَتْ.. رَوَتْهَا هُنَاكَ الأَرْضُ وَالْكُتُبُ؟!
مِنْ أَوَّلِ السَّطْرِ كُنَّا أُمْنِيَاتِ هَوَىً
يَرْثُو.. فَيُبْصِرُ ظِلَّ الـذَّاتِ يَنْتَحِبُ

صَرْخَةُ البَدْءِ

مِنْ صَرْخَةِ الْبَدْءِ حَتَّى آخِرِ الرَّمَقِ

أَدْمَنْتُ حُبَّكِ عِشْقَ الْمَاءِ لِلْوَرَقِ

رَتَّلْتُ حُبَّكِ أَسْفَاراً مُقَدَّسَةً

وَسِرْتُ فِي طُرُقَاتِ الْيَأْسِ والْقَلَقِ

وَصُغْتُهُ مِنْ حَكَايَا الْمَاءِ فَلْسَفَةً

حَيْرَى.. تُسَافِرُ شَأْنَ الرِّيحِ فِي الأُفُقِ

خَاتَلْتُ فِيكِ الرُّؤَى حَتَّى بَدَتْ حُلُماً

يَحْلُو لِرَائِيهِ بَيْنَ الْفَجْرِ والشَّفَقِ

مَازَجْتُ فِيكِ أَمَانِي الرُّوحِ.. فَانْعَتَقَتْ

مِنْكِ الْحُرُوفُ عَلَى دَرْبٍ مِنَ الطُّرُقِ

أَتَيْتُ فِـي فُلْـكِ نُـوحٍ.. أَمْتَطِـي أَمَلِـي
جَـــذْلَانَ.. أَهْـرُبُ خَـوْفَ الْمَـوْتِ وَالْغَرَقِ

فَالأَبْجَدِيَّـاتُ.. كَانَـتْ هَاهُنَـاكَ مَعِـي
وَكُـنْتُ أَرْمُقُهَـا مِـنْ شِـدَّةِ الرَّهَـقِ

هُنَا اسْـتَوَيْتُ عَلَى الْجُودِيِّ.. ثُرْتُ عَلَى
جُرْحِ الشُّعُورِ.. اسْتَوَتْ نَفْسِي عَلَى الْحُرَقِ

وَالْيَـوْمَ أَرْكَـبُ مَـوْجَ التِّيـهِ.. تَلْعَنُنِي
ذَاتِـي.. وَيَلْعَنُنِـي الآتُـونَ فِي الْعُمُـقِ

أُمَّ اللُّغَـاتِ.. ـوَحَـقِّ اللـهِ ـ إِنَّ دَمِـي
فِـدىً لِرُوحِكِ رَغْـمَ الْحُـزْنِ وَالأَرَقِ

هُنَا بِحِضْنِكِ.. تَنْمُو كُلُّ أُمْنِيَةٍ
وَيُورِقُ الْحُلْمُ فِي زَهْوِ الْهَوَى الْعَبِقِ

مَاذَا سَأَكْتُبُ عَنْ تَارِيخِ مُرْضِعَةٍ
تُبْدِي ابْتِسَامَاتِهَا فِي نَشْوَةِ الأَلَقِ؟!

مِنْهَا ارْتَضَعْنَا إِبَاءَ النَّفْسِ.. فَامْتَزَجَتْ
أَحْلامُنَا.. وَاسْتَوَتْ فِي حَبْكَةِ النَّسَقِ

يَا أُمَّنَا كَمْ ضَعُفْنَا.. وَاسْتَبَدَّ بِنَا
قَيْدُ الْعَدُوِّ مَدىً فِي عَتْمَةِ الْغَسَقِ

هَمَسَاتُ الرُّوحِ

اِقْـرَأ عَلـيَّ حِكَايَاتِـي.. أَسَـاطِيرِي

أَحْـلامَ عُمْـري.. بِأَصْنَـافِ التَّعَابِيرِ

جُلْ فِي فَضَاءِ الرُّؤَى.. وَاشْرَبْ مُعَتَّقَةً

مِـنْ خَمْـرَةِ الْحُبِّ.. مِنْ مَـاءِ النَّوَافِيرِ

مِـنْ أَنْجُـمٍ فِـي مَدَاءَاتِـي مُحُدَّقَةً

تُسَـامِرُ اللَّيْـلَ.. تَرْنُـو فِي الدَّيَاجِيرِ

تَسِـيرُ فِي هَمَسَـاتِ الرُّوحِ عَابِـرَةً

كُلَّ الْفَضَـاءَاتِ فِـي زَهْـوِ التَّبَاشِيرِ

إِلَـى مَـدَاءَاتِ آمَالِـي.. لأشْـرِعَةٍ

مِـنَ الْمَجَـازِ.. تُغَنِّي كَالشَّـحَارِيرِ

لِبَسْـمَةِ الْحَرْفِ.. لِلْمَاءِ الَّذِي سَرَقَتْ

مِنْـهُ الْحِكَايَـاتُ أَحْـلامَ الْعَصَافِيرِ

ظِلُّ الْمَجَاز

ضِــدَّانِ.. فِــي عَالَمٍ يَبْكِي بِــهِ الْأُفُقُ

هَـذِي تَظَـلُّ.. وَذَا تَلْهُو بِــهِ الْحُرَقُ

تِهْنَـا بِأوْطَانِنَـا.. حَـارَتْ مَرَافِئُنَـا

وَاسْتُنْـزِفَ الْعُمْرُ فِينَـا.. هَدَّهُ الْغَرَقُ

مُزَمَّلُــونَ بِسِــتْرِ اللَّـهِ.. يَحْمِلُنَـا

شَــوْقٌ.. وَيَقْرَؤُنَـا فِي سِــفْرِهِ الْفَلَقُ

نَرْنُــو لِتَكْتَشِــفَ الْأَكْــوَانُ حُرْقَتَنَـا

لِتَحْبِــسَ الدَّمْــعَ فِي أَجْفَانِهَـا الْحَدَقُ

ظِلَالُنَـا فِي مَرَايَـا الْيَأْسِ عَاكِسَـةٌ

"ظِــلَّ الْمَجَازِ" الَّذِي يَزْهُو بِهِ الْأَلَقُ

كُنَّا هُنَا ثَمَراً.. يَدْنُو لِقَاطِفِهِ

حَقْلاً.. تَعَانَقَ فِيهِ الْمَاءُ وَالْوَرَقُ

نَخْتَالُ فِي سَاحَةِ الآمَالِ.. يَقْذِفُنَا

مَوْجُ الْحَيَاةِ.. الَّذِي انْهَدَّتْ لَهُ الطُّرُقُ

تَرْمِي مَجَادِفَنَا فِي الْقَاعِ أَلْفُ يَدٍ

مِنْ حُزْنِ غُرْبَتِنَا يَغْرَوْرِقُ الشَّفَقُ

تَبْكِي مَوَاجِعَنَا حُزْناً عَلَى وَطَنٍ

قَدْ مَاتَ جَهْراً عَلَى أَفْيَائِهِ الْفَلَقُ

لا دِفْءَ يَمْنَحُنَا الْعَيْشَ اللَّذِيذَ هُنَا

فَصُورَةُ الْفَجْرِ وَارَى ضَوْءَهَا الْغَسَقُ

زُرْقَةُ الْمَوْجِ

فِي زُرْقَةِ الْمَوْجِ بَيَنَ الْمَاءِ وَالشَّـــجَرِ

سَـــافَرْتُ حُلْماً.. يُنَاجِي بَسْمَةَ الْمَطَرِ

أَبْحَرْتُ بَيْـــنَ جُفُونِ اللَّيْلِ أَشْرِعَةً

وَسِــرْتُ نَحْوَ ضِفَافِ التِّيهِ وَالْخَطَرِ

أَسِــيرُ عَبْرَ خُطَا الأَمْوَاجِ.. أَسْبَحُ فِي

مَوْجِ الرُّؤَى.. بَيْنَ حُلْمِ الذَّاتِ وَالْفِكَرِ

وَحِينَمَـا الْتَقَتِ الأَمْـــوَاجُ لَحْظَتَهَا

أَيْقَنْـتَ أَنَّـكَ مَنْفِــيٌّ مِـنَ الْجُـزُرِ

وَأَنَّ سُـبْحَةَ ذَاكَ الشَّـــيْخِ نَاطِقَةٌ

حَقّـاً بِفَيْـضٍ مِـنَ الأَسْـرَارِ وَالْعِبَرِ

وَأَنَّنَا لَوْ عَبَرْنَا الْبَحْرَ ثَانِيَةً
سَـنَلْتَقِي كَـ"كَلِيمِ اللهِ" وَ"الْخَضِرِ"
يَـا زُرْقَـةَ الْمَـوْجِ.. يَا أَحَـلَامَ أُمْنِيَةٍ
نَشْوَى.. وطَيْفَ خَيَالٍ لَاحَ فِي الصُّوَرِ
إِنِّي أَرَى الضَّوْءَ فِي عَيْنَيْكِ قَافِيَةً
تَتُـوهُ رَقْصـاً عَلَى أُرْجُوحَـةِ الْعُمُرِ

الأَحْلَامُ الْمُوَجَّلَةُ

نُؤَجِّـلُ بِالأوْهَامِ أَحْلَامَنَـا الْكُبْرَى

لِنَرْكَـبَ مَوْجَ الذِّكْرَيَـاتِ هُنَا دَهْرَا

نَسِـيرُ عَلَـى خَطْـوِ النَّبِيئِيـنَ تَارَةً

وَنَحْمِـلُ زَادَ الْحَائِرِيـنَ لَنَـا عِطْرَا

مُسَـافِرَةٌ فِـي الْمَاءِ أَحْـلَامُ عُمْرِنَا

وَحَائِـرَةٌ.. حَتَّى الْغَبَـاءُ بِهَا أَزْرَى

تُبَارِكُنَـا الشُّـطْآنُ فِي كُلِّ لَحْظَـةٍ

وَتَقْرَؤُنَا الأَمْوَاجَ مِنْ وَحْيِهَا سِـفْرَا

تَتِيهُـهُ الْخُطَـا فِي لُجَّةِ الشَّـكِّ حَيْرَةً

بِهَا فَكَّكَ الْمِجْدَافُ مِنْ شَـكِّنَا سِحْرَا

نَفِيضُ مَجَـازاً كُلَّمَا حَارَتِ الرُّؤَى

لِنَقْرَأَ فَيْـضَ الأَحْجِيَاتِ لَنَا سِـفْرَا

تَمْتَمَاتُ الْوَدَاعِ الأخِيرِ

إِلَى أَيْـنَ عَنْ أَحْضَانِنَا سَوْفَ ترْحَلُ

بِرَبِّـكَ قُـلْ لِي: هَـلْ رَحِيلُـكَ يُعْقَلُ؟!

تَقُـولُ لَـهُ: يَـا فِلْـذَةَ الْكَبِـدِ الَّتِـي

تَفطُـرُ حُزْنـاً.. كيـف تَخْبُـو وَتَأْفَلُ؟

مَسَـاءاتُكَ الْعَـذْرَاءُ فَيْـضُ بَـرَاءَةٍ

وَوَجْهُـكَ مِـنْ كُلِّ الْكَوَاكِـبِ أجْمَـلُ

أَتَنْسَى دَلَالِـي.. بَسْـمَتِي.. وَمَحَبَّتِـي

فَضَـاءَاتِ أحْلَامِي الَّتِـي كُنْتَ تَأمُلُ؟

دِمَـاؤُكَ فَجْـرٌ قَـادِمٌ.. مِـنْ ضِيَائِـهِ

تَفِيـضُ الْحِكَايَـاتُ الَّتِـي لَا تُؤَوَّلُ

فِـدىً لِرِحَابِ الْقُدْسِ رُوحُـكَ.. فِلْذَتِي

فَكَيْـفَ حَبِيبِي عَـنْ رَحِيلِكَ أَسْـأَلُ؟!

غَـداً نَلْتَقِي.. يَا زَهْرَةَ الْعُمْرِ.. كَيْفَ لَا

وَشَـوْقُكَ مِـنْ كُلِّ الْمَسَـافَاتِ يَهْطِلُ؟

وَنَسْـرَحُ فِـي تِلْـكَ الْحَدَائِـقِ غَيْمَـةً

عَلَـى لَوْنِهَـا تَبْكِـي السَّـمَاءُ وَتَهْمُـلُ

وَتُطْـوَى مَسَـافَاتُ الْحَنِينِ وَنَرْتَقِي

مَعَـارِجَ نُـورٍ بِالـضِّـيَـاءِ تُجَمَّـلُ

بِحَقِّكَ قُلْ لِي: كَيْفَ أَنْسَـاكَ.. كَيْفَ لِي

عَـزَاءٌ.. فَمَا هَـذَا الْغِيَـابُ الْمُؤَجَّلُ؟!

فَلَكُ الأَحْلامِ

الشِّــعْرُ يَكْتُــبُ أَنْفَــاسَ الْمُحِبِّينَـا
بَوْحـاً.. وَيَرسُـمُ مَاضِينَـا وَآتِينَـا

نَسِــيرُ فَــي فَلَكِ الأَحْــلَامِ آوِنَــةً
هَلْ يَسْتَحِي الْحَرْفُ فِي ذَا أَنْ يُجَارِينَـا؟!

نَطُوفُ فِي الْأُفُقِ الْمُخْضَلِّ.. نَسْبَحُ فِي
رُؤَى الْحَيَـاةِ.. وَنَجْنِـي مِنْهُ مَا شِـينَا

فِي لَحْظَـةِ الْقَلَـقِ الْمَخْبُوءِ فِي دَمِنَا
نَرْقَـى الْخَيَـالَ.. نُنَاجِيهِ.. يُنَاجِينَـا

وَنَسْــأَلُ الزَّمَـنَ الْمَسْكُونَ أَسْئِلَةً
مَتَـى سَنَرْحَلُ عَنْ كَوْنٍ سَيُقْنِينَـا؟!

فِي كُلِّ قُطْرِ دِمَـاءٌ هَاهُنَـا سُـفِكَتْ
ظُلْمـاً.. لِتُدْفَنَ فِي الدُّنْيَا أَمَانِينَـا

احْتِمَالُ الْغَيْمِ

الرَّاحِلُــونَ فُــرَادَى.. بَعْدَ رِحْلَتِهُـمْ
لَـمْ يَتْرُكُـوا أَبَداً ظِـلّاً وَلَا أَثَـرَا

سَـارُوا بِقَـدْرِ احْتِمَـالِ الْغَيْمِ.. قَافِلَـةً
صَوْبَ الْفَضَاءِ.. الّذِي لَا يَعْكِسُ الصُّوَرَا

تَـعَـلَّـقُـوا بِـبَـقَـايَـا الـضَّـوْءِ ثَـانِـيَةً
فِي رِحْلَةِ التِّيهِ.. وَاجْتَاحُوا الْمَدَى زُمَرَا

مُـذْ لَـوَّحَ الْمَـوْجُ لِلإِنْسَـانِ مُرْتَسِماً
فَـوْقَ الْمَرَايَا.. يُنَاجِي صَمْتُـهُ الْحَجَرَا

ظَـلَّـتْ نُفُوسُهُمُ تَشْتَاقُ نَحْوَ غَدٍ
آتٍ.. وَتَـزْرَعُ فِي أَرْجَائِهَا الْعُمُـرَا

حَتَّى اسْتَقَلَّتْ بَقَايَا الرُّوحِ عَنْ جَسَدٍ

مَــا زَالَ يَلْتَحِــفُ الأَحْــزَانَ وَالْكَــدَرَا

فِــي سِـفْرِهَا يَتَـرَاءَى الْكَـوْنُ أُغْنِيَــةً

مِــنْ عَزْفِهَا السُّكْرُ فِي أَنْحَائِنَا انْتَشَــرَا

تَرْنُــو إِلَــى الْعَالَــمِ الْعُلْــوِيِّ أَسْئِلَةً

كُــبْـرَى.. لِتَرْسُــمَ مَا قَدْ غَــابَ أَوْ حَضَــرَا

اَلْتِحَافُ الأَشْوَاقِ

تَلَحَّفَ مِـنْ أَشْـوَاقِه مـا تَلَحَّفَا

وَسَـافَرَ فِـي أَنْحَائِهِ مُتَصَوِّفَا

وَعَانَـقَ ظِـلَّ الْأُمنِيَـاتِ بِمَرْفَإٍ

بَعِيـدٍ.. وَغَنَّى لَحْنَـهُ وَتَفَلْسَفَا

عَشِـيَّةَ لَاحَـتْ أُمْنِيَـاتُ حَياتِـهِ

عَلَى ضِفَّةِ الأَشْـوَاقِ يَظْهَرْنَ عُكَّفَا

وَخَاتَـلَ أَمْـوَاجِ الْوُجُـودِ بِمَوْكِبٍ

يَشُـقُّ الْفَضَاءَ الرَّحْبَ حِيـنَ توَقَّفَا

مَسَـاءٌ نُؤَاسِـيٌّ يُعَانِـقُ طَيْفَهُ

وَخَمْـرَةُ حُـبٍّ طَعْمُ كَاسَاتِها صَفَا

يُغَنِّي لِزِرْيَـابٍ لُحُـونَ خُلُـودِهِ

فَيَعْـزِفُ لَحْناً فِي الصَّبَابَـةِ مُتْرَفَا

صُرَاخُ الْحَيَارَى

هُمْ يَصرُخُونَ.. وَتَبْقَى الأَرْضُ تُغْتَصَبُ
وَالشَّـعْبُ يُذْبَـحُ.. وَالأَوْطَـانُ تَنْتَحِبُ
يَسْـتَنْكِرُونَ الَّـذِي يَجْـرِي.. وَآونَـةً
دُمُوعُهُـمْ مِنْ جِرَاحِ الْخَطْبِ تَنْسَكِبُ
يُـرَدِّدُونَ عِـبَـارَاتٍ مُزَيَّـفَـةً
أَتُسْـتَعَادُ حُقُوقٌ إِنْ هُـمُ غَضِبـوا؟!.
وَالْقُدْسُ فِي الأَسْـرِ.. لَا صَوْتٌ سَيُنْقِذُهَا
وَلَـنْ تُحَرِّرَهَـا الأَنْغَـامُ وَالْخُطَـبُ
الْقُـدْسُ تَـذْرِفُ دَمْـعَ الْعَيْـنِ تَرْقُبُهُـمْ
سِـيَّانِ إِنْ نَطَقُـوا حَقّـاً وَإِنْ كَذَبُـوا

هُنَـا "صُرَاخُ الْحَيَـارَى".. لَا فِعَالَ هُنَا
تَشْـفِي الْجِرَاحَاتِ.. فَالْوِجْدَانُ مُسْـتَلَبُ

صَبْـراً فِلِسْـطِينُ.. صَبْـراً إِنَّ أُمَّتَنَـا
ضَاعَتْ كَرَامَتُهَـا.. وَاجْتَاحَهَا الصَّخَبُ

مَاتَتْ خُيُولُ "بَنِي حَمْـدَانَ" وَاحْتَرَقَتْ
مِـنْ شِـدَّةِ الْحِقْدِ ـفِـي أَوْطَانِنَـاـ حَلَبُ

سَـبْعُونَ عَاماً وَجُرْحُ الأَرْضِ فِي دَمِنَا
وَلَا خَـلَاصَ.. أَحَقّـاً أَنَّنَا عَـرَبُ؟!

سِحْرُ الْقَمَر

اللــهَ كَــمْ سَــحَرَتْ عَيْنَاكَ يَــا قَمَرُ

فَكَمْ بَسَــمْتَ وَضَوْءُ الْكَوْنِ يَنْحَسِرُ

تُطِــلُّ فِــي كَوْنِنَــا نُوراً يَشِــعُّ وَفِي

ظِلَالِ ضَوْئِكَ يَحْلُو الْحُبُّ وَالسَّمَرُ

وَتَمْنَــحُ الدِّفْءَ وَالضَّوْءَ الْجَمِيلَ لَنَا

فِي عَتْمَةِ الْعُمْرِ إِذْ يَغْرَوْرِقُ الْبَصَرُ

تُبْــدِي لَنَــا عَجباً.. تهدي لَنَــا أَمَلاً

مِنْ بَسْمَةِ الْفَجْرِ كَمْ تُعْطِي وَتَبْتَكِرُ!

لَــوْلَاكَ يَــا قَمَــرُ مَــا ضَمَّنَــا أُفُــقٌ

وَلَا ابْتَسَــمْنَا.. وَلَا طَابَــتْ لَنَا ذِكَرُ

وَلَا اسْتَعَدْنَا حِكَايَاتٍ لَنَا سَلَفَتْ

يُعَانِقُ الْعُمْرَ مِنْ تَذْكَارِهَا الْقَدَرُ

وَلَا تَغَنَّتْ بِأَنْغَامٍ مُرَجَّعَةٍ

حُورَاءُ يَرْقُصُ مِنْ تَرْجِيعِهَا الْوَتَرُ

وَلَا وَقَفْنَا عَلَى شَطِّ الْغَـرَامِ.. وَلَا

لَذَّ اللِّقَـاءُ.. وَلَا بَاحَتْ لَنَا الْفِكَرُ

تَلـوحُ لِلْعَالَمِ الْمَنْسِـيِّ ضَوْءَ رُؤًى

وَتَخْتَفِـي وَظـلَامُ الْكَـوْنِ مُنْتَشِـرُ

مَعْبَرُ الأَحْلَامِ

بِلَا وِجْهَةٍ.. يَا كَوْنُ تَحْدُو خَوَاطِرِي

حِكَايَـاتُ مَـاضٍ مُعْتِمِ اللَّيْـلِ غَابِرِ

عَلَـى مَعْبَرِ الأَحْلَامِ أَخْتَـالُ هَازِئًا

بِكَوْنِي.. وَأَمْشِي كَالْوُجُودِ الْمُغَامِرِ

أُرَتِّـلُ مِـنْ وَحْـيِ الْمَحَبَّةِ سُـورَةً

وَأَتْلُـو عَلَـى الدُّنْيَـا تَرَانِيمَ سِـاحِرِ

نُؤَمِّـلُ مِنْ دَهْرِ انْكِسَـارَاتِ عُمْرِنَا

أَمَانـاً عَلَـى شَـطِّ انْبِجَاسَـاتِ نَاظِرِ

وَنَقْتُـلُ بِالأَلْحَـاظِ طَوْراً وَرُبَّمَا

قَتَلْنَـا بِمَكْنُـونِ مِـنَ الشِّـعْرِ آسِـرِ

تُفَرِّقُنَا الأقـدَارُ فِـي كُلِّ وُجْهَـةٍ
وَنَعْبُـرُ فِـي الآمَـالِ أَحْـلَامَ عَابِرِ
وَنَسْـكَرُ مِنْ خَمْرِ الْمَوَاجِدِ سَكْرَةً
بِهَا يَسْـتَعِيدُ الْعُمُرُ آمَالَ شَـاعِرِ

هَمَسَاتٌ

اهْمِسِي فِي الْوُجُودِ هَمْسَـةَ أُنْسِي
وَأَعِيدِي إِلَيْـكِ أَحْـلَامَ نَفْسِي

وَارْسُـمِينِي عَلَى الشِّـفَاهِ.. أَفِيضِي
عِطْرَ حُبِّي عَلَى الْجِنَاءَاتِ حَدْسِي

تَمْتِـمِي كَيْفَ شِـئْتِ.. بُوحِي بِمَا لَمْ
يُتَخيَّـلْ لـكُلِّ جِـنٍّ وَإِنـسِ

غَامِرِي وَاعْبُـرِي الْمَدَاءَاتِ رُوحاً
قُـدُسِـيّـاً.. يَـرُوحُ فِينَا وَيُمْسِي

تَرَاتِيلُ حُزْنِ الدَّمعِ

أَسـىً نَارُهُ فِي الْقَلْـبِ تَعْلُو وَتصْعَدُ
وَغصَّـةُ عُمْرٍ حُزْنُهَا يَتَجدَّدُ

لَهِيبٌ مِـنَ الأَحْزَانِ أَطْبَـقَ.. لَحْظَةٌ
مِـنَ الْفَجعِ.. حُزْنٌ فِي المَدى يَتَمَدَّدُ

وَقلْـبٌ مِـنَ الآلَامِ مَاتَـتْ عُرُوقُـهُ
وَفُرْقَـةُ دَهْرٍ جُرْحُهَا لَيْسَ يخْمَدُ

تَرَاتِيلُ حُزْنِ الدَّمعِ تَسْـبَحُ فِي المَدى
حِكَايَاتُهَا تَخْبُو هَنَـاكَ وَتُوقَـدُ

شَـبَابٌ وَشِـيبٌ أَحْرَقتْ بَسَمَاتِهِمْ
فَجِيعَةُ عَصْرٍ رُزْؤُهَـا يَتَعَدَّدُ

هُنَـا احْتَرَقَتْ رُوحُ الْفِدَاءِ.. هُنَا ثَوَى

مِـنَ الْمَجْدِ جَمْعٌ فِـي الْمَحَافِلِ يُحْمَدُ

هُنَـا احْتَرَقَتْ صَحْرَاؤُنَا بِشُــعُوبِهَا

بِآمَالِهَـا.. كَــمْ أَحْزَنَ الْعَيْنَ مَشْـهَدُ!

هُنَا فَـاحَ عِطْرُ الْمَوْتِ بَيْنَ نُفُوسِنَا

وَسَــارَ الأَسَــى فِينَـا يَغُـورُ وَيُنْجِدُ

هُنَـا حَلَّقَتْ آمَالُنَـا.. وَتَحَطَّمَــتْ

عَلَى قَابِ قَوْسٍ بَعْدَ أَنْ حَانَ مَوْعِدُ

هُنَا ذَرَفَــتْ مِنَّـا الْعُيُــونُ دُموعَهَا

وَفَاضَتْ دَماً حَيْثُ الدِّمَــاءُ تُوَحِّدُ

وَحَيْثُ حَبَسْنَا النَّفْسَ حَتَّى كَأَنَّهَا

مِنَ الْحَبْسِ نارٌ فِي الشَّرَاسِيفِ تُوقَدُ

وَمَهْمَا يُصِبْنَا مِنْ جِرَاحٍ فَظِيعَةٍ

وَفَاجِعَةٍ.. لَنْ يَسْتَحِيلَ التَّجَلُّدُ

فَشَعْبُكِ يا صَحْرَاءُ قَدْ عَايَشَ الأَسَى

زَماناً هُنَا.. وَالْأَرْضُ تَدْرِي وَتَشْهَدُ

فَيَا شَعْبَ صَحْرَاءِ الْكَرَامَةِ إِنَّنَا

نُوَاسِيكَ فِي هَذَا الْمُصَابِ وَنَعْضُدُ

نُعَزِّي بِـلَادَ الْعِـزِّ وَالْمَجْدِ وَالْعُلَا

جَزَائِرَنَا حَيْثُ الْكَرَامَةُ تُعْهَدُ

وَحَيْثُ الصُّمُودُ الْحَقُّ ضِـدَّ عَدُوِّنَا

وَحَيْثُ مَعِينُ الْعِلْمِ وَالنُّورِ يُورَدُ

وَحَيْثُ رِجَـالُ الْعِزِّ وَالصَّمْدِ قاوموا

وَخَطُّـوا كِتَاباً فِي الْمَدَى يَتَجَسَّـدُ

إِلَى اللهِ سَـارَتْ أَنْفُسٌ دُونَ رَجْعَةٍ

تُسَبِّحُـهُ كُـلًّا وَتَـدْعُـو وَتَسْجُـدُ

إِلَـى جَنَّـةِ الْفِـرْدَوْسِ حَيْثُ تَفَتَّقَتْ

أَزَاهِيرُ رُحْمَـى فَيْضُهَا لَيْسَ يَنْفَدُ

بِحَيْثُ يَطِيبُ الْأُنْسُ فِي بَسْمَةِ الْمُنَى

وَتَنْعَمُ نَفْسٌ بِالنَّعِيمِ وَتَسْعَدُ

سَـقَتْ ذَلِـكَ الْقَبْرَ الْفَسِـيحَ سَـحَابَةٌ

وَلَـذَّ بِـهِ بَعْـدَ الْفَجِيعَـةِ مَرْقَـدُ

وَلَا زَالَـتِ الصَّحْـرَاءُ سِـرُّ جَمَالِنَا

وَسِـرُّ ضِيَاءِ الْكَوْنِ تُهْـوَى وَتُقْصَدُ

سَكْرَة الزَّيْفِ

لَا تَسْأَلِ الأرْضَ عَمَّنْ لِلْهَوَى عَبَدُوا

وَاسْتَوْطَنُوا مِنْ زَوَايَا الأُفْقِ مَا وَجَدُوا

هُـمْ هَكَـذَا دَخَلُـوا الدُّنْيَا مُصَادَفَـةً

لَـمْ يُدْرِكُـوا كُنْهَهَا مِنْ قَبْـلِ أَنْ يَفِدُوا

لَا يُبْصِـرُونَ سِـوَى آلَامِهِـمْ أَلَمـاً

أَوْ مَـا بِهِ مِنْ خُيُوطِ الزَّيْـفِ قَدْ عَهِدُوا

وَيَضْحَكُونَ عَلَى أَحْزَانِنَا سَفَهاً

كَأَنَّهُـمْ مِنْ بَيَاضِ الْحُلْمِ قَـدْ وُلِـدُوا

يُـقَـدِّسُونَ بَـقَايَا جُزْءِ ذَاكِـرَةٍ

مِـنَ الْخِـدَاعِ نِفَاقاً صِدْقَهَا اعْتَقَـدُوا

وَيَنطِقُـونَ افْتِـرَاءً كُلَّمَا سُـئِلُوا

عَـنْ وَاقِعٍ مِنْـهُ آلَافُ الْـوَرَى جُهِدُوا!

لَا يَشْـعُرُونَ بِأَحْـزَانِ الشُّـعُوبِ فَهُـمْ

فِي سَـكْرَةِ الزَّيْفِ لِلشَّـيْطَانِ قَدْ سَجَدُوا

وَالشَّـعْبُ يَقْبَـعُ فِي سِـجْنِ الأَسَـى أَبَداً

وَلَمْ يَعِشْ غَيْرَ مَنْ فِي الدَّرْبِ قَدْ صَمَدُوا

وَالنَّائِمُـونَ عَلَـى أَطْـرَافِ دَوْلَتِنَـا

عَلَـى النِّفَـاقِ مَـدَى الأَيَّـامِ قَدْ مَرَدُوا

مَوْكِبُ الآمَالِ

يُحَرِّكُنَا بِعَالَمِنَا الشُّعُورُ

لِتَنْكَشِفُ الْحَوَادِثُ وَالأُمُورُ

نَسِيرُ بِـ"مَوْكِبِ الآمَالِ".. نَمْضِي

وَتَغْمُرُنَا الْبَشَاشَةُ وَالسُّرُورُ

مَوَاكِبُنَا بِشَطِّ الْعُمْرِ تَاهَتْ

وَخَيَّمَ فِي مَجَادِفِهَا الْفُتُورُ

حَيَارَى وَالْغَرَامُ لَنَا طَرِيقٌ

نَسِيرُ بِهِ فَتَرْمِينَا السُّطُورُ

تُمَزِّقُنَا الْحَيَاةُ عَلَى ضِفَافٍ

رَحَى مَوْتِ الْحَيَاةِ بَهَا تُدُورُ

وَتَخْدَعُنَا الْحَيَاةُ بِكُلِّ دَرْبِ

وَيُهْلِكُنَا التَّفَاخُرُ وَالْغُرُورُ

وَيَرْمِينَا الزَّمَانُ بِكُلِّ خَطْبٍ

وَتَطْلُبُنَا لِعَالَمِهَا الْقُبُورُ

فَيَا لَيْتَ الَّذِي قَدْ كَانَ يَبْدُو

بِحَيْرَتِنَا يُبَارِكُهُ الْمَصِيرُ

إِطْلَالَةُ الْمَطَرِ

تَنَفَّسَ الْأُفْـقُ مِـنْ إِطْلَالَـةِ الْمَطَرِ

رَوْحاً.. يَفِيضُ بِمَاءِ الْحُبِّ فِي الصُّوَرِ

سَـرَتْ بِدَايَـاتُ آمَـالٍ عَلَـى ثَبَج

فِي دَرْبِهَا كَانْعِكَاسِ الشَّـمْسِ فِي الْقَمَرِ

تَنَاغَمَـتْ خَطَوَاتُ الْأُفْقِ.. وَابْتَسَـمَتْ

فِي زَهْوِهَا فِي مَدىً مُعْشَوْشِـبِ النَّظَرِ

وَأَوْرَقَ الْحُلْـمُ أَعْـذَاقاً تُرَاقِصُهَا

نَسَـائِمٌ تَنْتَشِي فِـي نَشْـوَةِ الْعُمُرِ

تَبَسَّـمَ الأَمَـلُ الْمَـزْهُوُّ ثَـانِـيَةً

بَعْدَ انْحِنَاءِ الرُّؤَى فِي الرِّيفِ وَالْحَضَرِ

وَسَــافَرَتْ ذِكْرَيَـاتُ الْحُلْـمِ عَابِـرَةً
شَــطَّ الْحَيَـاةِ.. وَتَـاهَ الْمَاءُ فِـي الْحُفَرِ
يَا أَرْضُ هَلْ قَسَـمَاتُ الضَّوْءِ مُرْجِعَةٌ
لَنَـا اللَّيَالِـي بطِيـبِ اللَّيْل وَالسَّـمَرِ؟!
وَهَـلْ سَنَشْـرَبُ كَأْساً مِـنْ تَشَـكُّلِهَا
تَفِيـضُ آمَالُنَـا فِـي لَحْظَةِ السَّـحَرِ؟!
وَهَـلْ تَطِيبُ لَنَـا أَيَّـامٌ نُجِعَتِنَا
فَوْقَ الرِّمَـالِ.. فَتَحْلُو مُتْعَةُ السَّـفَرِ؟!

شُرْفَةُ النُّورِ

تَنَادَوْا بِأَقْصَى الأرْضِ فِي الدَّعَوَاتِ

يَسِـيرُونَ نَحْوَ اللهِ فِي الْقُرُبَـاتِ

يُغِـذُّونَ سَيْراً صَوْبَ مَكَّةَ أَنْفُساً

وَيَلْتَحِفُـونَ النُّـورَ فِي الْغَـدَوَاتِ

وَيُذْرَفُ دَمْعُ الشَّـوْقِ مِنْ مُقْلَةِ الْهَوَى

دُمُوعـاً مِـنَ الأشْـوَاقِ وَالْعَبَـرَاتِ

تَحِـنُّ قُلُـوبُ الْعَاشِـقِينَ لِرَبِّهِـمْ

وَتَخْشَـعُ بِالإخْبَـاتِ فِي الصَّلـوَاتِ

عَلَـى عَرَفَـاتٍ وَاقِفِينَ.. وَلَيْتَنَـا

وَقَفْنَـا طَـوَالَ الْعُمْـرِ فِي عَرَفَـاتِ

وَمِنْ شُـرْفَةِ النُّورِ الْمُطِلِّ عَلَى الرُّؤَى

يُلَبُّـونَ خَطْـوَ الضَّـوْءِ فِي الشُّـرُفَاتِ

أَجَابُــوا نِــدَاءَ الْكَوْنِ فِي بَسْــمَةِ الْمُنَى

سِرَاعاً.. وَسَارُوا فِي رُؤَى الْبَسَمَاتِ

عَلــى عَتَبَــاتِ الْبَيْتِ مَرُّوا نَسَائِماً

تَتُــوقُ لِــذَاكَ الْبَيْتِ وَالْعَتَبَاتِ

يُنَاجُــونَ رَبّـاً وَاسِــعَ الْفَضْــلِ لم يَزلْ

يَجُــودُ عَلــى الأنحــاءِ بالرَّحَمــاتِ

ويَنتظِــرونَ الفــوزَ بالنّظــرةِ الّتِي

تُعِــيدُ بياضَ العُمْر فــي الخَطَــوَاتِ

زَكَــوْا أَنْفُسـاً فِي ذَلِكَ الْحَــرَمِ الَّذي

يَفِــيضُ عَلــى الأكْوَانِ بِالْبَرَكَاتِ

هَدْأَةُ اللَّيْلِ

فِي هَدْأَةِ اللَّيْلِ تَرْنُو نَحْوَكَ الْفِكَرُ

مَسَافَةً.. مِنْ رُؤَاهَا يَبْسِمُ الْقَدَرُ

تَفِيضُ أَخْيِلَةُ التَّعْبِيرِ أَسْئِلَةً

عَلَى مَدَى سَطْرِهَا يُسْتَفْهَمُ الْخَبَرُ

تَمْتَدُّ أَجْنِحَةُ الْمَعْنَى مُحَاوِرَةً

ظِلًّا بِهِ تُعْكَسُ الأَضْوَاءُ وَالصُّوَرُ

وَتَضْحَكُ الأُمْنِيَاتُ الْبِيضُ مِنْ شَفَةٍ

بِهَا لَنَا تُورِقُ الآمَالُ وَالْفِكَرُ

تَمْشِي الْحُرُوفُ عَلَى الأَلْحَانِ رَاقِصَةً

مِنْ نَغْمَةٍ ذَابَ مِنْ أَلْحَانِهَا الْوَتَرُ

تَبْكِـي الْمَجَابَـاتُ غَيْمَ الْحُـبِّ.. تَقْرَؤُهُ
حِكَايَـةً.. يَنْتَشِـي مِـنْ سَـرْدِهَا الْخَبَرُ
فَيَنْبُـعُ الْعِشْـقِ مِـنْ أَعْمَـاقِ أُمْنِيَـةٍ
بِكرٍ.. سَـيَهْطِلُ مِـنْ غَيْمَاتِهَـا الْمَطَرُ
يَاهَـدْأَةَ اللَّيْـلِ.. يَـا سِـرّاً بِذَاكِرَةٍ
مِـنَ الْغُيُوبِ.. يُنَاجِي سِـرَّهَا السَّـمَرُ
لَيْـتَ اللَّيَالِـيَ تَرْنُـو نَحْـوَ وِجْهَتِنَـا
لِيَرْقُـصَ الدَّهْـرَ فِـي أَحْلَامِنَـا الْعُمُرُ

الْبَوْحُ الشَّفِيفِ

عَلَى شُرْفَةِ الْبَوْحِ الشَّفِيفِ تُؤَوَّلُ

غَمَاماً.. عَلَى كُلِّ الْمُجَابَاتِ يَهَطِلُ

تُطِلُّ انْتِظَاراً غَائِماً فِي مَجَرَّةٍ

بِهَا الْغَيْبُ عَنْ سِرِّ الْمَسَافَاتِ يَسْأَلُ

تُحَدِّثُكَ الدُّنْيَا حَدِيثَ غَرَابَةٍ

بِهَا يَعْكِسُ الأَضْوَاءَ فِينَا التَّسَلْسُلُ

وَتَهْتِفُ أَنْحَاءُ الْبِلَادِ: هَلِ الْهَوَى

عَذَابٌ.. وَهَلْ فِي الْعَامِرِيَّةِ مَنْزِلُ؟!

وَتَلْتَفِتُ الدُّنْيَا الْتِفَاتَةَ غَيْمَةٍ

إِلَى الْجدب يَزْهُو فِي الْفَضَاءَاتِ مِنْجَلُ

بِـأَيِّ احْتِمَـالٍ كُنْـتَ لِلْحُلْـمِ رَوْضَـةً

عَلَى عُشْبِها تَخْبُو الرُّؤَى حِينَ تَذْبُلُ؟!

عَبَرْنَـا انْزِيَاحَـاتِ الشُّعُورِ حِكَايَـةً

عَلَـى نَغْمِهَـا الْأَكْـوَانُ بِالنُّـورِ تَحْفَلُ

تَسِـيلُ دِمَانَـا فِـي الْوُجُـودِ سَحَابَةً

عَلَى سَحِّهَا تَجْرِي الغُيُـوبِ وَتَهْمُلُ

وَمِـنْ بَسْـمَةِ الْأَيَّـامِ جِئْنَـا نَوَارِساً

إِلَى الْأَرْضِ.. نَرْوِي حُلْمَنَا حِينَ يَكْمُلُ

رَسَـمْنَا عَلَى خَـطِّ الْمُنَى نَبْضَ عُمْرِنَا

بِحَـرْفِ غَرَامٍ.. مِنْ رُؤَى الْغَيْبِ يَنْهَلُ

يَفِيـضُ انْبِجَاساً كُلَّمَـا فَـاضَ نَبْعُهُ

فَيَكْبُـرُ فِـي ذَاكَ الْوُجُـودِ التَّأَمُّـلُ

فَهَـلْ فِـي زَوَايَـا الْحُلْـمِ مَـاءُ مَحَبَّـةٍ

بِألْوَانِـهِ جُـرْحُ الْفَضَـاءَاتِ يُغْسَـلُ؟!

زَوَايَا الْحُزْنِ

بَكَى وَلَمْ يَدْرِ أَنَّ الدَّمْعَ يُسْعِفُهُ

طِفْلٌ تَبَلَّلَ بِالأَحْزَانِ مِعْطَفُهُ

يُسَافِرُ الدَّمْعُ فِي أَنْحَاءِ مُقْلَتِهِ

دَهْراً.. وَصَوْبَ زَوَايَا الْحُزْنِ يَخْطَفُهُ

يَسِيرُ فَوْقَ ضِفَافِ الْحُزْنِ أُمْنِيَةً

جَذْلَى.. تُخَاتِلُ زَهْرَ الْعُمُرِ.. تَقْطِفُهُ

يُفَاتِحُ الْعُمُرَ الْمَخْبُوءَ فِي جِهَةٍ

مَجْهُولَةٍ.. عَلَّ سِتْرَ الْغَيْبِ يَكْشِفُهُ

يَمْشِي عَلَى طَفَقَاتِ الْوَجْدِ آوِنَةً

مُوَزَّعاً بَيْنَ مَا يَهْوَى وَيَأْلَفُهُ

يَـرْوِي انْطِبَاعَـاتِ أَيَّـامِ الطُّفُولَةِ فِي
سِـفْرٍ.. وَيَسْـرُدُ حُلْمـاً عَـاشَ يَعْرِفُهُ
وحِيـنَ تُـلْـمَـحُ أَحْـــلَامٌ مُـمَـزَّقَةٌ
يُعِيدُ لَحْناً شَجِيّاً كَـادَ يَعْزِفُهُ

زُرْقَةُ الْمَاءِ

فِي زُرْقَةِ الْمَاءِ مِنْ عَيْنَيْكِ أَعْتَكِفُ

نَبْضاً تَجَسَّدْتُ.. خَمْرَ الشَّوْقِ أَرْتَشِفُ

مُنْـذُ اسْتَبَدَّ الْغَبَـاءُ الْمُنْتَشِي فَرَحاً

فِي ظُلْمَةِ اللَّيْلِ.. أَضْنَى عُمْرِيَ التَّلَفُ

هَا قَدْ شُـغِفْتُ.. وَمَوْجُ الشَّوْقِ طَوَّقَنِي

وَالنَّفْسُ تَحْزَنُ مِنْ خَـوْفٍ وَتَرْتَجِفُ

مَاذَا سَأَكْتُبُ؟.. دَمْعُ الْحَرْفِ فَاضَ دَماً

وَالْأُمْنِيَـاتُ بِحُـزْنِ اللَّيْـلِ تَلْتَحِفُ

وَشَـاطِئُ الْأَمَـلِ الْمُمْتَـدِّ أَشْرِعَةً

عَلَـى شُفُوفِ الْمَرَايَا اغْتَالَهُ الشَّغَفُ

المحتويات